QUESTION PORTUGAISE.

DE LA SUCCESSION

A LA COURONNE DE PORTUGAL,

DANS LE CAS

OU LA REINE DONA MARIE II

NE LAISSERAIT PAS DE POSTÉRITÉ.

Paris,

CHEZ FIRMIN DIDOT FRÈRES, RUE JACOB, N° 24;

DELAUNAY, AU PALAIS-ROYAL,

ET TOUS LES MARCHANDS DE NOUVEAUTÉS.

1836.

QUESTION PORTUGAISE.

DE LA SUCCESSION

À LA COURONNE DE PORTUGAL,

DANS LE CAS

OU LA REINE DONA MARIE II

NE LAISSERAIT PAS DE POSTÉRITÉ.

Ce n'est pas sans répugnance qu'on se livre à l'examen d'une question dont l'objet ne peut avoir d'application pratique que dans une éventualité bien douloureuse pour la nation; car tous les bons Portugais souhaitent à Sa Majesté un règne aussi long que fortuné, et prient le ciel de lui accorder une nombreuse postérité.

Mais comme il passe pour constant que, dans la dernière session législative, les deux chambres ont abordé cette grande question, dont la discussion et la solution auraient été ajournées à la session immédiate, il n'y a aucune inconvenance à ce qu'un simple particulier émette franchement son opinion sur cette question de grand intérêt national; opinion que d'autres écrivains pourront confirmer ou amender, et

qui finalement sera décidée par le Corps légis-
latif.

Pour ne pas nous égarer en semblable matière, nous devons, dès le début, reconnaître
que cette grande question doit être décidée
d'après la rigueur des lois portugaises, légitimement appliquées en dehors de toute considé-
ration de convenance ou d'affection, en dehors
même de ce qu'on est convenu d'appeler om-
nipotence parlementaire ; car il est de doctrine
reçue, parmi les publicistes, que le droit de
succession s'acquiert indépendamment de la volonté du Roi régnant, et que le peuple, après avoir
transféré l'empire au premier Roi, ne peut plus
altérer à son gré la forme de succession établie,
contre le vœu de ceux qui y ont droit. Il est
évident que ni le Roi, ni le peuple représenté
par les Cortès, ne peuvent altérer le droit de
succession, ni en déranger l'ordre, mais qu'ils
sont seulement appelés à appliquer les lois fondamentales de l'État qui traitent de la succession, à la personne à laquelle la succession appartient directement, lorsqu'il se présente un
compétiteur.

Les Cortès de Lamego disposèrent que, le Roi
venant à mourir sans laisser de postérité, le
frère du Roi, s'il en existait, régnerait sa vie
durant ; mais que le fils de celui-ci ne serait Roi

qu'autant que les Prélats, les Procuradores et les Grands le feraient Roi.

Sous le règne de Dom Pierre II, une loi faite en cortès, le 12 avril 1698, dérogea aux dispositions de la loi de Lamego ; les fils du Roi qui aurait légitimement succédé à son frère mort sans enfants, furent appelés à lui succéder dans leur ordre respectif, sans qu'il fût nécessaire d'attendre l'approbation ou le consentement des trois ordres de l'État.

Il n'était pas décidé que les autres lignes collatérales, hors celle du frère du Roi, fussent aptes, d'après les anciennes lois, à succéder à la couronne, et si Dom Alphonse III n'éprouva aucune difficulté à succéder à son frère Dom Sanche II ; si le cardinal Dom Henri, comme frère du Roi Dom Jean III, succéda à son neveu le Roi Dom Sébastien, et si Dom Pierre II remplaça également sans opposition le Roi Dom Alphonse VI son frère, il n'en fut pas ainsi à l'égard de Dom Jean Ier, successeur de Ferdinand, de Dom Manuel, successeur de Dom Jean II, et de Dom Jean IV, successeur des Rois intrus de Castille : à ces trois époques s'élevèrent de grandes difficultés, qui furent résolues pour Dom Jean Ier, par les Cortès de Coïmbra ; pour Dom Manuel, par celles de Montemoronovo ; et pour Dom Jean IV, par celles de Lisbonne.

Dans ces trois circonstances, le peuple exerça le droit qui lui appartient, d'élire le Roi, lorsqu'il n'existe personne à qui les lois fondamentales aient donné le droit de succéder à la couronne.

Telles étaient les dispositions du droit ancien à l'égard des collatéraux, auxquels, à raison du défaut de descendants du dernier Roi, la couronne pouvait appartenir.

La Charte constitutionnelle paraît être moins restreinte que ce droit ancien; car ayant établi dans l'art. 87, que la descendance de Dona Marie II succédera au trône, selon l'ordre régulier de primogéniture et de représentation, préférant toujours la ligne antérieure à la ligne postérieure; dans la même ligne, le degré plus prochain au plus éloigné; dans le même degré, le sexe masculin au sexe féminin; et dans le même sexe, la personne plus âgée à celle moins âgée; elle déclare dans l'art. 88, que, les lignes des descendants légitimes de Dona Marie II étant éteintes, la couronne passera à la ligne collatérale; d'où se déduit clairement que, faute de descendants, les collatéraux sont appelés aux mêmes conditions, et suivant les mêmes règles qui ont été spécifiées pour les premiers, dans le précédent article. Cette dernière disposition de la Charte constitutionnelle du Portugal établit une différence essentielle avec la Constitution politique de l'empire du Brésil, qui, dans l'art. 118, déclare que les lignes des descendants légitimes de Dom Pierre 1er venant à s'éteindre, l'assemblée générale fera choix d'une autre dynastie, même pendant la vie et le règne du dernier descendant.

Ces principes posés, et toutes autres considérations quelconques mises de côté, il est évident qu'il y a deux lignes collatérales auxquelles passe le droit de succéder à la couronne de Portugal, les descendants légitimes de Dona Marie II venant à manquer; savoir, celle de ses sœurs, et celle de ses tantes; que la 1$_{re}$ de ces lignes passe avant la 2e, et que chacune d'elles trouve à cet égard son droit établi dans les lois fondamentales anciennes et modernes, sans qu'il y ait lieu à désignation de successeur par le Roi régnant, ni à nouvelle nomination par les Cortès de la nation.

On a dit ci-dessus, qu'on laissait de côté toutes autres considérations quelconques; il en existe une toutefois dont l'action peut se faire vivement sentir en cette matière, c'est celle de la naturalité.

En effet, la succession à la couronne de Portugal ne peut jamais être dévolue à personne aucune qui ne serait pas Portugaise, et pour cette raison les étrangers sont absolument exclus.

Cette exclusion est établie dans le chapitre 7 des Cortès de Lamego, et Watel ainsi que Montesquieu la citent avec éloge et approbation.

Un publiciste distingué de nos jours, Antonio Ribeiro dos Santos, dans un de ses mémoires manuscrits sur le droit public du Portugal, suscitant la question, *Si un Prince étranger, mais originaire du Portugal, peut succéder à la couronne de ses royaumes...* décide que les étrangers, c'est-à-dire, les sujets d'un autre État, quoique tirant leur origine du Portugal, ne peuvent pas succéder à la couronne de nos royaumes, parce que la loi de Lamego exclut expressément les étrangers; d'où suit une notable différence entre la succession de la couronne, et celle des majorats, puisque, conformément au droit dans les successions des majorats, auxquels se trouvent appelés les membres de la famille ou les parents, ceux qui appartiennent à l'une de ces deux catégories succèdent, quoiqu'ils résident en d'autres royaumes ou provinces, et qu'ils ne soient pas, par leur naissance et résidence, naturels du Portugal. C'est tout l'opposé pour la succession à la couronne. Il est vrai que dans la controverse qui eut lieu à la succession de Portugal, le Roi Dom Philippe de Castille prétendit établir son droit à cette couronne, et sans que sa qualité d'étranger pût lui faire obstacle, sur ce qu'il était Portugais par sa mère l'Impératrice Dona Isabelle, et qu'il l'était aussi par son père l'Empereur Charles-Quint, qui descendait de princes portugais; mais cette prétention fut vivement repoussée par les jurisconsultes portugais, au temps de l'acclamation du Roi Dom Jean IV.

Jusqu'ici l'opinion du publiciste que nous venons de citer est conforme à ce que détermine le droit ancien portugais; le droit moderne n'en diffère pas non plus, puisque la Charte constitutionnelle dit expressément, à l'art. 89, que nul étranger ne pourra succéder à la couronne du royaume de Portugal.

D'accord en cela avec la Charte portugaise, la Constitution politique de l'empire du Brésil s'exprime de même, et dans les mêmes termes, à l'art 119, relativement à cet empire.

Il suit de ce qui vient d'être dit, que si dans la 2e ligne collatérale de Sa Majesté la Reine Dona Marie II, doivent être exclus, sans nul doute, l'ex-infant Don Miguel, qui par une loi a été jugé inhabile à succéder, ainsi que l'infante Dona Marie Thérèse, et les enfants de l'infante Dona Marie Francisque, parce que ces deux princesses se sont mariées avec des princes étrangers; de même aussi, dans la 1re ligne, toutes ou quelques-unes des sœurs de Sa Majesté doivent être exclues, si toutes ou quelques-unes d'elles sont étrangères. Toute la question se réduit donc à savoir si les enfants de Don Pédro, frère ou sœurs de Dona Marie II, sont ou ne sont pas étrangers.

On dit communément que la princesse Dona Januaria, sœur de Sa Majesté, est née avant l'indépendance du Brésil, et qu'elle a pour succéder à la reine le même droit que Sa Majesté a pour régner.

Mais Dona Marie II est née le 4 avril 1819; elle est reine de Portugal, parce qu'elle est née dans le palais et à la cour de son grand-père, et dans son royaume; parce que, du moment où elle est venue au monde, elle a porté le titre de princesse de Beira, titre qui appartenait au premier-né des enfants du successeur à la couronne; parce qu'elle a été reconnue en cette qualité, sans nulle contradiction, dans tout le royaume uni, par les divers ordres de l'État auxquels le roi fit donner participation officielle de sa naissance; parce que, ayant perdu postérieurement le droit d'immédiate succession, par la naissance d'un frère (le prince de Beira) Don Jean Charles, né le 6 mars 1821, elle recouvra bientôt après le droit et le titre par la mort de ce prince, survenue le 4 février 1822; parce que le titre de princesse de grand Parâ que son père lui donna depuis, ne pouvait lui faire perdre le titre qu'elle tenait de sa naissance, ni le droit qui en dérivait.

Elle est aussi reine de Portugal, parce que son père succédant à la couronne de ce royaume, par la mort du roi Dom Jean VI, et ne pouvant conserver à la fois cette couronne et celle de l'empire du Brésil, il abdiqua et céda formellement en sa faveur cette même couronne en 1826, non par l'effet d'une volontaire et arbitraire préférence, au préjudice de son fils déjà né, le 2 décembre 1825, mais par suite d'une désignation obligée, attendu que Sa Majesté était appelée à lui succéder immédiatement au trône de Portugal, son frère étant prince étranger, et ne pouvant à cause de cela prétendre à cette succession, suivant les lois fondamentales de la monarchie ; et finalement parce que Sa Majesté a été reconnue comme reine de Portugal par tout ce royaume, par l'empire du Brésil et par toutes les puissances de l'Europe : ainsi donc le droit en vertu duquel Sa Majesté règne est certain et incontestable.

Le droit d'immédiate succession sera-t-il également incontestable pour la princesse Dona Januaria ? certainement non ; et cela ressortira facilement de la récapitulation des faits historiques, à laquelle on va se livrer.

C'est un fait attesté par tous les Brésiliens et

par les Portugais qui résidaient au Brésil, que de l'époque où le Roi Dom Jean VI sortit de Rio de Janeiro (26 avril 1821) pour revenir à l'ancienne métropole de la monarchie, il commença à se manifester dans les provinces du Brésil une tendance plus ou moins prononcée, selon les localités, pour l'indépendance; mais cette tendance n'éclata décidément que dans le courant de décembre 1821, à l'occasion des décrets qui arrivèrent à Rio de Janeiro, portant injonction au prince royal de repasser en Europe et établissant au Brésil des gouvernements provinciaux.

Les trois provinces de Rio de Janeiro, de Saint-Paul et de Minas Geraes, furent les premières à représenter au prince qu'il devait rester au Brésil : ces représentations établissaient l'alternative suivante : ou Son Altesse quitterait le Brésil, et les provinces se déclareraient indépendantes, ou elle resterait, et dans ce cas l'union avec le Portugal serait maintenue, les provinces prenant au reste sur elles la responsabilité de la non-exécution de ces décrets.

La représentation du corps municipal de Rio de Janeiro fut reçue par le prince en audience solennelle le 9 janvier 1822 ; Son Altesse répondit que son séjour au Brésil se prolongerait jusqu'à ce qu'il eût reçu réponse aux dépêches qu'il allait adresser aux Cortès et à son

auguste père : mais cette réponse ayant paru in-
suffisante pour rassurer sur les intérêts des trois
provinces, le corps municipal fit déclarer, par
un édit que la réponse de Son Altesse n'avait
pas été bien comprise, et qu'elle exprimait la
résolution positive du prince de rester au Brésil.

Tel fut le premier fait précurseur de l'indépendance préméditée : à compter de ce moment,
on peut dire que le prince ne gouvernait plus
le Brésil en vertu d'une délégation de son père,
mais bien en vertu des droits qui lui étaient
conférés par ces provinces. Les faits suivants
montrent que l'indépendance méditée s'étendait
chaque jour, gagnait les autres provinces et ac-
quérait une plus grande consistance.

Le 16 janvier 1822, le prince renvoya le mi-
nistère que son père lui avait laissé, et nomma
des ministres nouveaux qui lui paraissaient dé-
voués à la cause du Brésil ; l'un d'eux était Brésilien et de Saint-Paul ; en même temps, le corps
de troupes auxiliaires qui se trouvait à Rio
de Janeiro, fut forcé de s'embarquer pour le
Portugal ; l'embarquement eut lieu le 11 février,
et, le 15, les navires mirent à la voile ; le lende-
main 16, le prince signa un décret portant créa-
tion d'un Conseil d'État composé des procuradores généraux des provinces du Brésil, pour
les représenter provisoirement.

Le 17, le prince fit annoncer que toute la population de la province de Rio de Janeiro était fermement décidée à ne pas consentir au débarquement de la division de troupes qui venait de Portugal et était destinée pour cette capitale; on envoya en outre des ordres au gouvernement provisoire de Fernambouc, pour qu'on ne laissât point approcher ces troupes, si elles se présentaient casuellement devant ce port, et pour qu'on leur enjoignît de retourner de là même en Portugal; mais lorsque ces ordres arrivèrent à Fernambouc, les troupes s'en étaient déjà éloignées, et leur départ, comme celui de la division auxiliaire de Rio de Janeiro, avait donné lieu à de grandes réjouissances dans l'une et l'autre province.

Le 19 et le 20 février, il y eut à Bahia un combat acharné entre la troupe portugaise et les naturels du pays qui, se trouvant inférieurs en forces, ne purent alors la réduire.

Le 9 mars parut devant Rio de Janeiro, le vaisseau de guerre portugais *le Dom Jean VI*, ainsi que plusieurs transports chargés de troupes. Aussitôt injonction fut faite au commandant de ne point entrer dans le port, et peu après de virer de bord et de s'éloigner; ce qu'il fit, laissant seulement à la disposition du prince une frégate et un détachement de 394 soldats qui furent disséminés dans les divers corps de troupes de Rio de Janeiro.

Tel était l'état des affaires au Brésil, lorsque la princesse Dona Januaria naquit, le 11 mars 1822.

Examinons maintenant quelle est la naturalité de cette princesse à l'égard du Brésil. Elle est née au Brésil, postérieurement à la première époque de l'indépendance, et lorsque son père gouvernait cet empire, non plus en vertu de la délégation royale, mais en vertu de la volonté formelle des peuples des provinces déjà citées. Son nom de baptême fait allusion manifeste à la cour du Brésil; et comme l'on ne saurait admettre que l'indépendance déjà commencée pour les Brésiliens pût être restreinte à la vie seulement du prince, les Brésiliens n'ont pas pu s'empêcher de considérer cette princesse comme devant éventuellement lui succéder.

Les faits qui depuis ont eu successivement lieu, savoir, la déclaration du 13 mai, par laquelle le prince se donne le titre de prince régent et de protecteur constitutionnel du Brésil; le décret du 3 juin, qui crée une assemblée générale constituante et législative; le manifeste du 1er août, qui confirme l'indépendance du Brésil, et l'acclamation du prince comme Empereur, qui eut lieu le 12 novembre de la même année; la lettre qu'il écrivit le 23 à son auguste père, pour lui faire part de la haute dignité à laquelle il venait d'être élevé par les suffrages unanimes des peuples envers lesquels il se montre reconnaissant pour l'appui qu'ils lui prêtent ainsi qu'à son impériale postérité; tous ces faits, disons-nous, qui forment la seconde époque de l'indépendance du Brésil, n'ont été que le développement des principes déjà proclamés et des faits accomplis dans la première époque, c'est-à-dire, ont établi de droit l'indépendance qui existait déjà de fait. Et comme l'intention des Brésiliens ne pouvait être que le nouvel empire dût finir avec la vie du premier empereur; que le contraire fut expressément déclaré, il devenait alors nécessaire que l'empire passât à ses successeurs; or, il n'existait à cette époque personne, qui pût succéder à l'Empereur, que la princesse Dona Januaria : et l'Empereur lui-même l'entendait si bien ainsi, que déjà, par lettres du 19 juin de cette même année, il demandait au roi qu'il envoyât son frère Dom Miguel au Brésil, pour être marié lorsqu'il en serait temps, avec la princesse aujourd'hui Reine de Portugal, prévoyant qu'elle devait parvenir un jour, non à la couronne du Brésil, mais bien à celle de Portugal.

Il est vrai qu'à la première époque le prince protestait, et que les provinces dissidentes protestaient aussi ne pas vouloir établir une absolue indépendance ; mais il est vrai aussi que dans le manifeste du 1er août, tout en proclamant l'indépendance, le prince disait aussi qu'il ne prétendait pas rompre l'union avec le Portugal. Ce qui est vrai, c'est que l'indépendance était réelle aux deux époques, et que l'union n'était que nominale.

Il suit de tout ceci, que la princesse Dona Januaria, relativement au Brésil, était réputée Brésilienne de naissance ; relativement au Portugal, on aura autre chose à dire.

Si le gouvernement portugais de cette époque eût cru ou eût dû montrer qu'il croyait à l'indépendance du Brésil, bien certainement il eût dû réputer Brésilienne de naissance la princesse dona Januaria ; il suffisait pour cela, de l'argument déduit des statuts du royaume, L. 2. t. 55. § 3, lequel dit que *si les naturels sortent du Royaume et terres qui en dépendent, par leur volonté, et vont résider en d'autres pays, quels qu'ils soient, seuls ou avec leurs familles, les enfants qui leur naîtront hors du royaume et ses dépendances, ne seront point tenus pour naturels puisque le père s'est absenté par sa volonté, est sorti du royaume où il était né, et que ses enfants n'y sont point nés.*

Mais le gouvernement avait de très-fortes raisons de montrer qu'il ne croyait pas à l'indépendance du Brésil, et par conséquent ne pouvait pas s'empêcher de reconnaître cette princesse comme Portugaise.

Le 28 mai 1822 arriva à Lisbonne la nouvelle de la naissance de la princesse Dona Januaria, ainsi que les lettres du prince royal des 14 et 19 mars, portant les détails des événements survenus au Brésil, ci-dessus relatés lorsqu'il a été question de la première époque de l'indépendance.

Le jour suivant, le Roi fit annoncer aux Cortès l'heureuse nouvelle que la princesse royale avait donné le jour à une infante, participation que les Cortès accueillirent avec une spéciale satisfaction; en même temps le Roi fit remettre aux Cortès les dépêches de son fils, qui occasionnèrent la plus grande agitation dans le congrès.

Le Roi et les Cortès se persuadèrent facilement que les Brésiliens, après s'être ainsi prononcés pour l'indépendance, ne reviendraient pas sur leurs pas; l'exemple de l'Amérique anglaise, et celui plus récent de l'Amérique espagnole; le courage et le caractère décidé d'un prince ambitieux de gloire; la difficulté de garnir de troupes tant de provinces si éloignées, et finalement la politique erronée que le congrès avait suivie, tout cela concourait à fortifier cette persuasion: mais c'eût été une chose très-impropre, de sanctionner de suite l'indépendance du Brésil : on s'occupa d'examiner s'il ne restait aucun moyen de l'éviter ; et, supposant que les événements survenus devaient être attribués à une petite faction, on eut l'air de croire que le Brésil était encore uni, ou pouvait encore, par la suite, se réunir au Portugal.

Ce fut d'après ce système que le Roi fit adresser à tous les tribunaux un décret, daté du 4 juin, pour notifier la naissance de la nouvelle infante, et pour recommander les démonstrations et les réjouissances d'usage en ces occasions.

Sa Majesté décida en outre, qu'à l'avenir, le jour anniversaire de cette naissance serait de petit gala à la cour ; voilà pourquoi la princesse Dona Januaria, étant reconnue au Brésil comme Brésilienne, devait, par une espèce de nécessité, être en apparence reconnue comme Portugaise en Portugal.

Nous allons voir maintenant comment, avec le temps, la naturalité incertaine de cette princesse a été déterminée.

La princesse Dona Paula naquit le 17 février 1823, postérieurement à la deuxième époque de l'indépendance. Son nom de baptême fait allusion manifeste à l'une des provinces du Brésil, à celle qui, la première et avec le plus d'ardeur, se prononça pour la séparation ; conséquemment il ne pouvait venir à l'esprit de personne que le Brésil pût la considérer comme Portugaise ; il doit en être de même pour la princesse Dona Francisca dos Anjos, qui naquit le 2 août 1824.

Quant au Portugal, on sait que la nouvelle de la naissance de la princesse Dona Paula arriva à Lisbonne le 13 mai 1823, et qu'il n'en fut fait aucune notification par le Roi aux tribunaux ; mais c'est que depuis l'époque ci-dessus marquée, du 28 mai 1822, les nouvelles du Brésil avaient été si désagréables à Sa Majesté et aux Cortès, que le Roi s'était décidé à publier le décret du 8 octobre de la même année, par lequel il déclarait qu'il ne recevrait ni la cour, ni le corps diplomatique, le 21 de ce même mois ; tout comme il publia le décret du 12 janvier 1823, dans lequel il fit la même déclaration relativement au 22, qui était le jour anniversaire de la naissance du prince et de la princesse royale. La nouvelle de l'acclamation du prince comme Empereur vint encore ajouter à ce que les précédentes avaient de fâcheux ; la lettre du prince au Roi, à cet égard, fut lue aux Cortès le 7 janvier 1823.

D'après tous ces précédents, comment aurait-on pu espérer que le Roi fît les participations d'usage, à l'occasion de la naissance de sa petite-fille, lorsqu'il défendait qu'on solennisât les jours de naissance du père et de la mère ? Certainement, il ne jugea pas que cela fût compatible avec sa dignité ; mais en attendant, il était politique de sa part de ne pas montrer qu'il accédait à la séparation du Brésil, tant qu'il n'aurait pas reconnu formellement son indépendance. Tel fut le motif qui le décida à continuer de considérer le nouvel Empereur comme prince royal du royaume uni du Portugal, Brésil et Algarves, et comme duc de Bragance, ordonnant que le jour de sa naissance fût de grand gala. Il continua aussi de considérer comme infante de Portugal la princesse Dona Januaria, tout comme il considéra postérieurement en la même qualité les princesses Dona Paula et Dona Francisca, ordonnant que les jours de naissance de toutes trois fussent de petit gala ; et cela dura ainsi jusqu'au moment où l'indépendance fut reconnue. D'où il suit que les trois filles du premier Empereur du Brésil devaient être réputées nécessairement Brésiliennes : et elles l'étaient réellement comme descendantes du chef de la nouvelle dynastie, puisqu'elles étaient nées après la séparation, soit partielle, soit totale, soit commencée, soit accomplie ; et que la participation que le Roi fit de la naissance de la princesse Dona Januaria en tant qu'elle se rattachait à des circonstances particulières que nous avons indiquées, ne lui donne pas le droit de se considérer comme étant appelée à la succession de la couronne de Portugal ; tout comme la non-participation de la naissance des princesses Dona Paula et Dona Francisca, pour des motifs différents que nous avons appréciés, ne pourrait faire perdre ce droit à ces deux princesses : toutes les trois étant réellement Brésiliennes, quoique réputées infantes portugaises par leur grand-père, qui en cela avait en vue politiquement de conserver les droits qu'il avait acquis comme Roi du royaume uni.

On ne négligera pas, avant de sortir de cette seconde époque, de faire une observation qui peut faire connaître clairement la naturalité brésilienne des trois dernières princesses.

La constitution politique de l'empire du Brésil, publiée le 25 mars 1824, déclare, dans l'article VI, que sont citoyens du Brésil tant ceux qui seront nés au Brésil, quoique le père soit étranger, pourvu qu'il n'y réside pas pour le service de sa nation, que tous ceux qui, étant nés en Portugal ou ses dépendances, et qui, se trouvant résider au Brésil à l'époque où son indépendance a été proclamée dans les provinces où ils habitaient, ont adhéré à cette indépendance explicitement ou tacitement par la continuation de leur résidence. Au vu de cet article,

personne ne pourrait nier la naturalité brésilienne
de ces trois princesses, quand même toutes trois
ou quelqu'une d'elles seraient par leur naissance
Portugaises, ou auraient une origine portugaise,
puisque les individus nés en Portugal et qui résidaient au Brésil, lors même que l'indépendance
était partielle, c'est-à-dire seulement proclamée
dans quelques provinces, continuant à y résider, sont restés, par ce fait, Brésiliens.

La même constitution, comme je l'ai déjà fait
remarquer, exclut de la succession au trône,
dans les articles 117 à 119, tous ceux qui ne
seraient pas descendants légitimes du premier
Empereur, et tous les étrangers. Par ces deux
dispositions se trouvent exclus tous les autres
enfants du Roi Dom Jean VI, ainsi que leurs descendants; ils sont réputés étrangers; mais les
trois filles de l'Empereur ont dû être considérées comme Brésiliennes et appartenant au
Brésil.

De cette manière, les nations portugaise et
brésilienne se sont trouvées entièrement séparées; ainsi que les deux familles impériale et
royale appelées à les gouverner.

Venons maintenant à la troisième époque de
l'indépendance du Brésil, et à ses conséquences
relatives à l'objet que l'on va traiter.

Le Roi Dom Jean VI, par lettres patentes du

13 mai 1823, reconnut finalement l'indépendance du Brésil, avec le titre d'empire : en résultat de cette reconnaissance, il se fit à Rio de Janeiro, le 29 août, un traité d'amitié et d'alliance entre le Portugal et le Brésil, lequel fut ratifié à Mafra le 15 novembre de la même année.

Par une loi du 19 du même mois, Sa Majesté déclara reconnaître son fils Don Pedro d'Alcantara, prince royal du Portugal et des Algarves, comme Empereur du Brésil, avec l'exercice de la souveraineté dans tout l'empire.

L'article Ier de ce traité est conçu ainsi qu'il suit :

« Sa Majesté très-fidèle reconnaît le Brésil dans le rang d'empire indépendant et séparé des royaumes de Portugal et des Algarves, et son très-aimé et plus que tous estimé fils Dom Pedro comme Empereur, cédant et transférant de sa libre volonté, la souveraineté dudit empire au même son fils et à ses légitimes successeurs. »

Ce traité fut publié, et ordre fut donné de l'exécuter dans l'empire du Brésil, par décret de Sa Majesté impériale du 10 avril 1826. A cette époque existait déjà le prince Dom Pedro, aujourd'hui empereur du Brésil ; il était né le 2 décembre 1825.

Voilà donc établie l'indépendance légale du

Brésil, qui est venu à former un état entièrement séparé du Portugal et des Algarves, et dont l'effet a été que deux nations, quoique amies et alliées, sont devenues étrangères l'une à l'autre, ainsi que déjà l'avait considéré la constitution politique de l'empire.

Le résultat naturel de cette division, ou démembrement, est que les habitants du Brésil, qui jusqu'alors avaient été Portugais, ont perdu leur naturalité relativement au Portugal, et ont acquis une naturalité nouvelle au Brésil; et la famille impériale était à cet égard dans les mêmes conditions, et ne conservait pas un autre droit que les autres personnes brésiliennes, à moins qu'il ne dérivât d'un autre principe antérieur. Ainsi l'Empereur, qui était Portugais de naissance et seulement Brésilien d'adoption, conservait le droit à la succession du royaume de Portugal qu'il avait acquis par sa naissance, et que son auguste père lui avait en outre reconnu, même après le traité de l'indépendance.

Les Brésiliens ne l'entendaient pas différemment, puisque, dans les discours publics prononcés à l'assemblée législative après l'abdication de l'Empereur, ils disaient que dorénavant le Brésil appartenait aux Brésiliens, et que leur nouvel Empereur était véritable Brésilien.

De même la reine, Dona Marie II, alors à peine

Brésilienne par son titre de princesse du Parà, Portugaise non-seulement par sa naissance, mais reconnue comme héritière médiate du royaume de Portugal, droit que désignait son titre de princesse de Beira, ne pouvait pas perdre le droit qui lui appartenait d'après nos lois, et que le traité n'avait, en aucune manière, altéré.

Les autres princesses, nées au Brésil lorsque l'union avec le Portugal était déjà rompue, ou près de se rompre, ne peuvent se considérer que comme Brésiliennes; c'est leurs personnes qu'a en vue expressément la dernière clause de l'art. 1er du traité de l'indépendance, par laquelle le roi transfère la souveraineté de l'empire à son fils et à *ses légitimes successeurs*; et en vérité, si, nonobstant tout ce qui a été dit, la princesse Dona Januaria pouvait succéder à la couronne portugaise, on ne comprendrait pas facilement comment l'Empereur actuel du Brésil ne la précéderait pas dans ce droit, parce que cette princesse n'ayant pas un titre spécial, comme l'avaient son père et sa sœur, pour entrer dans cette succession, elle devrait nécessairement, à raison de son sexe, céder la place à son frère, qui d'ailleurs était né avant qu'on publiât au Brésil le traité de l'indépendance.

Mais les faits qui eurent lieu après la publication de ce traité expliquent très-bien le sens qu'on lui a toujours donné, et justifient les observations ci-dessus présentées, comme on va maintenant le montrer.

1° Lorsque parvint à Rio de Janeiro, en avril 1826, la funeste nouvelle de la mort du Roi Dom Jean VI, survenue à Lisbonne le 10 mars précédent, l'Empereur du Brésil se décida à prendre la couronne et à publier, le 19 du même mois d'avril, la nouvelle charte constitutionnelle, d'après laquelle, de là en avant, le royaume et dépendances du Portugal devaient être gouvernés.

Dans cette charte, les lois sur la succession que nous avons citées plus haut, furent déterminées, tout comme la règle, qu'aucun étranger ne pourra succéder à la couronne de ce royaume, y fut établie. L'article 7 déclare aussi quels sont les citoyens portugais, en opposition aux étrangers, disant que ce sont ceux qui sont nés en Portugal ou dans ses domaines, et qui alors n'étaient pas citoyens brésiliens; disposition qui évidemment a en vue l'art. 6, déjà transcrit, de la constitution politique du Brésil. En combinant donc ces deux articles qui se correspondent, on voit que les trois princesses étaient alors Brésiliennes.

2° L'Empereur reconnaissant qu'il y avait incompatibilité à ce qu'il conservât la couronne de Portugal, à raison des intérêts opposés de l'empire du Brésil et de ceux du royaume de Portugal, abdiqua cette dernière couronne et céda à sa fille Dona Maria da Gloria tous les droits qu'il avait à la couronne de la monarchie portugaise et à la souveraineté de ses royaumes, pour qu'elle les gouvernât comme reine, et avec toute indépendance de l'empire du Brésil. Il déclara, toutefois, que la nouvelle reine ne quitterait le Brésil, et que son abdication n'aurait d'effet qu'autant que la charte aurait été jurée, et que le mariage de la même reine avec son oncle aurait été conclu.

Cet acte d'abdication, signé à Rio de Janeiro le 2 mai 1826, montre l'accomplissement du projet arrêté par l'Empereur dès 1822, de marier la princesse avec son oncle, et de lui conserver le droit de succession au trône dont il connaissait que ses sœurs étaient exclues.

3° Dans le discours prononcé par l'Empereur à la chambre des sénateurs, le 6 mai, dans lequel il annonce à la fois le décès de son père et sa propre abdication, ce prince dit expressément que, quoique la nation portugaise fût déjà séparée de la nation brésilienne, son abdication est le moyen de les séparer de manière à ce qu'elles ne puissent jamais être réunies.

Ce discours n'ayant été l'objet d'aucune observation de la part de la chambre, on comprend bien que l'Empereur et la chambre des sénateurs entendaient que la princesse Dona Maria da Gloria conservait toujours le droit de succession au trône de Portugal, et que ses sœurs, étant avec raison tenues pour Brésiliennes, ne l'avaient jamais acquis, et perdaient définitivement l'espérance de jamais l'acquérir, par le fait de l'entière et complète séparation du Brésil.

4° Depuis cette époque, on a regardé, en Portugal, comme incontestable, que les sœurs de la Reine étaient Brésiliennes. A compter des années 1827 et 1828, les deux familles royales des deux états souverains se sont considérées comme entièrement séparées l'une de l'autre : le Roi Dom Pedro IV, la Reine Dona Maria II, et les autres princes et princesses portugaises ont formé la famille de Portugal; l'Empereur Don Pedro Ier et ses autres enfants ont formé la famille du Brésil.

5° Par décret du 3 juillet 1827, publié à Lisbonne le 10 octobre suivant, le Roi Dom Pedro IV nomma son frère son lieutenant-général, pour qu'il régît et gouvernât les royaumes de Portugal et Algarves, conformément aux dispositions de la charte constitutionnelle; or cette charte, à l'art. 92, déférait la régence au plus proche parent du Roi, dans l'ordre de succession, et qui aurait atteint la majorité de 25 ans.

Le Roi entendait donc, et le royaume le comprit ainsi, que l'individu qui était alors infant, venait régir le royaume *de son propre droit*, c'est-à-dire, en la qualité de successeur immédiat, et non par substitution de sa nièce mineure, la princesse dona Januaria.

6° Par décret du 3 mars 1828, le Roi déclare que, parvenu à l'époque marquée pour compléter son abdication à la couronne portugaise, en conformité de sa lettre royale du 2 mai 1826, il croit convenable de donner à la nation portugaise, toujours jalouse de son indépendance, une preuve irréfragable qu'il désire la voir séparée pour toujours de la nation brésilienne; il ordonne en conséquence que le royaume de Portugal soit gouverné au nom de sa fille Dona Maria II, déjà antérieurement Reine de Portugal; en outre il déclare très-expressément qu'il n'a plus aucun droit ni aucune prétention à la couronne portugaise.

Par suite de ce décret, l'Empereur, ignorant que son frère avait usurpé le trône de Portugal, fit partir sa fille pour l'Europe; elle quitta Rio de Janeiro le 5 juillet 1828, et arriva à Falmouth le 24 septembre.

Conformément à ce même décret, l'Empereur, dans une proclamation adressée aux Portugais, datée de Rio de Janeiro le 25 juillet 1828, s'exprimait ainsi : « Ce n'est plus comme votre Roi que je m'adresse à vous, car j'ai abdiqué; mais c'est comme père et tuteur de votre Reine légitime Dona Maria II. »

Ces faits n'ont pas besoin de commentaire.

7° Par décret du 15 juin 1829, l'Empereur du Brésil, considérant que son décret du 3 mars de l'année précédente n'avait été ni publié ni exécuté, à cause de l'usurpation dont son frère s'était rendu coupable, et que le Portugal se trouvait sans gouvernement légitime, comme les droits de la Reine sans force et sans appui, jugea convenable, en sa qualité de tuteur et de protecteur de la Reine sa fille, de créer une régence qui, en son royal nom, gouvernât les royaumes de Portugal et Algarves, ainsi que ses dépendances, et y fît exécuter le sus-mentionné décret. Telle fut l'origine de la régence de Terceire, qui ne put s'installer à Angra que le 15 mars 1830. Ce fut alors que le décret du 3 mars 1828 reçut son exécution.

8° Le 2 août 1829, l'Empereur se maria en secondes noces avec la princesse Amélie Auguste de Bavière; cette princesse et la Reine de Portugal s'embarquèrent ensemble à Portsmouth le 30 du même mois, et arrivèrent à Rio de Janeiro le 16 octobre suivant.

Pendant tout le temps que Sa Majesté la Reine séjourna dans cette capitale, elle fut traitée par tout le monde comme Reine de Portugal, et, dans les occasions d'audiences solennelles, elle recevait seule, avec sa maison toute portugaise, le corps diplomatique et les Portugais qui venaient la complimenter.

De tous ces faits il résulte que la princesse Dona Januaria n'a jamais été réputée héritière immédiate de sa sœur, ni même Portugaise.

L'empereur Dom Pedro Ier abdiqua l'empire du Brésil, par suite de la révolution qui éclata à Rio de Janeiro, le 7 avril 1831. Cette abdication eut lieu au profit de son fils, qui fut immédiatement après proclamé Empereur du Brésil.

En abdiquant deux couronnes, l'empereur Dom Pedro Ier déclara que c'était pour toujours; il laissa ses trois filles mineures auprès de leur frère, après leur avoir nommé un tuteur; il s'embarqua avec l'impératrice sur un navire anglais qui mit à la voile le 13 avril, pendant que la Reine Dona Maria II sortait également du port de Rio de Janeiro sur la corvette *la Seine*, qu'elle avait frétée pour elle seule et sa maison portugaise. L'Empereur et la Reine se rejoignirent à Cherbourg à la fin de juillet.

Si la princesse Dona Januaria eût été infante portugaise, comment son père l'aurait-il laissée au Brésil? comment les Portugais ne l'auraient-ils pas réclamée? comment, de leur côté, les Brésiliens ne l'auraient-ils pas exclue, dans ce moment surtout où l'exaltation contre les Portugais était extrême, et où ils se réunissaient avec tant d'enthousiasme autour du trône d'un Empereur enfant, uniquement parce qu'il était Brésilien?

Disons deux mots au sujet de la dernière fille de Dom Pedro.

Le 1er décembre 1831, est née à Paris la princesse Dona Amélia Augusta, fille unique issue du second mariage du premier Empereur du Brésil.

Par une erreur de date, la naissance de cette princesse a été reportée plus d'une fois à l'année 1832; mais persistant à maintenir la véritable époque de sa naissance, personne n'a pu ni n'a tenté jusqu'à ce jour de faire considérer la princesse Amélia comme Portugaise.

En effet, elle est née à Paris, fille d'un prince qui, ayant été roi de Portugal, avait déjà abdiqué cette couronne, et avait solennellement déclaré, trois ans auparavant, qu'il n'y avait plus ni prétention, ni droit aucun, et par cette raison ne pouvait le communiquer à cette dernière fille. Sa mère étrangère s'était mariée très-postérieurement à cette abdication et à cette déclaration, et ne pouvait être réputée femme d'un prince portugais ; et quand même Dom Pedro eût voulu se considérer comme citoyen portugais, la jeune princesse n'eût pas pour cela acquis quelque droit, parce qu'il ne suffit pas, pour être Portugais, d'être fils de Portugais.

Mais le fait est, qu'après l'abdication de l'empire, du moins au temps de la naissance de sa fille, Dom Pedro ne voulut jamais se considérer que comme Brésilien, sujet de son fils l'Empereur du Brésil, considérant par conséquent aussi sa fille comme Brésilienne. On se rappelle l'apparat avec lequel Dom Pedro fit cette déclaration au moment de la naissance et du baptême de la princesse, qui eurent pour témoins des Brésiliens et le chargé d'affaires du Brésil, et dont fut exclu pour cela le chargé d'affaires de Portugal.

On se rappelle que le jour immédiat à la naissance de la princesse, son père se rendit, revêtu de l'uniforme de général brésilien, chez le ministre de cette nation, pour le complimenter comme représentant de Dom Pedro II, Empereur du Brésil, dont ce jour-là était l'anniversaire de la naissance, et que ce même jour il donna un grand dîner en l'honneur de son fils et souverain.

Tous ces faits et circonstances confirment suffisamment notre assertion, et on peut se dispenser de vérifier s'il est vrai, comme on le dit, qu'avant de quitter Paris, Dom Pedro y a fait et laissé un testament dans lequel il déclare être Brésilien et vouloir mourir Brésilien.

Ce fut deux mois après le 1ᵉʳ décembre 1831 que Dom Pedro prit la résolution d'embrasser ouvertement le parti de sa fille en qualité de général portugais; et avant de s'éloigner de Belle-Ile, étant à bord de la frégate *la Reine de Portugal*, qui devait le transporter aux Açores, il publia un manifeste daté du 2 février 1832, dans lequel il déclara qu'à la demande de la régence établie à l'île Terceire, il allait, aux titres de père, tuteur et défenseur naturel de sa fille, se réunir aux Portugais fidèles qui avaient combattu pour ses droits, contre les partisans de l'usurpateur. Ce ne fut donc pas avec l'intention de reprendre pour lui la couronne de Portugal que Dom Pedro vint combattre l'usurpation; il vint uniquement pour défendre les droits de sa fille mineure.

Ici peut s'arrêter la série des faits qui prouvent la naturalité brésilienne des trois filles actuelles de Dom Pedro, car la princesse Dona Paula est morte en janvier 1833; il n'y a donc plus qu'à résumer ce qu'on a exposé, et à l'entremêler de quelques courtes réflexions, pour terminer ce mémoire déjà trop étendu.

La princesse Dona Januaria est née au Brésil à l'époque où ce pays a commencé à se séparer du Portugal, lorsque déjà son père gouvernait le Brésil en son propre nom.

Elle était seule appelée à succéder à l'empire, lorsqu'il a été constitué ; et elle était encore la première appelée lorsqu'a eu lieu le traité de l'indépendance : elle est restée toujours depuis au Brésil ; elle n'a jamais figuré dans les actes publics avec sa sœur aînée, pendant le séjour de celle-ci au Brésil, comme Reine reconnue de Portugal ; son père l'a laissée au Brésil comme faisant partie de la famille impériale, et tant qu'il a vécu, il n'a fait ni déclaration ni démonstration qui pût indiquer qu'il la réputât Portugaise.

Aujourd'hui et depuis l'abdication de l'Empereur, ou elle est déjà déclarée, ou elle doit être considérée comme éventuellement appelée à la succession de l'empire. La princesse Dona Januaria est donc Brésilienne, et ne peut en aucun temps être appelée à la couronne de Portugal.

La princesse Dona Francisca est née lorsque le Brésil était déjà empire séparé ; elle est restée dans le pays de sa naturalité jusqu'à ce jour, et ne peut, pour les raisons déjà exposées, avoir un droit différent de celui de sa sœur ; donc elle est inhabile aussi à succéder en Portugal.

Si les lois fondamentales portugaises s'opposent à ce que les Reines régnantes se marient avec des princes étrangers, comment pourraient-elles se prêter à ce que deux princesses nées et élevées dans une cour étrangère jusqu'à l'âge de 13 et de 11 ans, qui continuent à y résider, et se marient à des princes étrangers, pussent encore venir un jour régner en Portugal ?

Ce n'est pas ainsi que l'eussent entendu nos ancêtres, lorsqu'ils proclamaient à Lamego que notre royaume ne devait jamais sortir des mains des Portugais.

Les Brésiliens ont mis tant de sollicitude à établir solidement leur indépendance, qu'ils ont exclu de la succession à l'empire tous ceux qui ne seraient pas descendants légitimes de l'Empereur : ceux-ci seulement forment la ligne brésilienne ; comment donc pourrions-nous nous exposer à légitimer cette ligne, en la préférant à la ligne portugaise, rompant ainsi la réciprocité des droits de succession aux deux couronnes qui assurent l'indépendance des deux nations ?

La princesse Dona Amélia, née à Paris lorsque son père n'avait aucun droit à la couronne de Portugal, et ne tenait à la nation portugaise par aucun autre lien que celui de père de la Reine, fut réputée Brésilienne en naissant, et jusqu'à son arrivée en Portugal, où elle a toujours porté et où elle porte encore aujourd'hui le titre de princesse, et où elle est traitée d'Altesse Impériale, titre et traitement qui furent toujours étrangers aux infantes portugaises. Le jour de sa naissance n'est point fêté à la cour; il n'y a pas de gala à son sujet; jamais son père n'a paru la considérer comme Portugaise; elle est donc étrangère aussi.

Qu'on ne vienne pas alléguer que ces princesses ne pouvaient pas perdre leurs droits par des actes pratiqués par leur père, et qui ne pouvaient leur être imputés à faute personnelle.

Car qui doute que des actes paternels peuvent faire acquérir ou faire perdre aux enfants les droits de naturalité? Et ici il ne s'agit pas d'actes privés et isolés, mais il s'agit d'actes publics, constamment répétés, et complétement sanctionnés sans réclamation ni contradiction de qui que ce soit.

Prétendre prouver davantage une chose aussi claire, serait peut-être vouloir l'obscurcir.

(Traduit du portugais le plus littéralement qu'il a été possible.)

TYPOGRAPHIE DE FIRMIN DIDOT FRÈRES,
rue Jacob, n° 24.